CHAMBRES DE COMMERCE
CHAMBRES D'AGRICULTURE
ET
PRINCIPAUX GROUPEMENTS ÉCONOMIQUES
DE L'ALGÉRIE

— 31 DÉCEMBRE 1926 —

IMPOT SUR LE CHIFFRE D'AFFAIRES

APPLIQUÉ AUX PRODUITS ALGÉRIENS
IMPORTÉS SUR LE TERRITOIRE MÉTROPOLITAIN

ALGER
ANCIENNE MAISON BASTIDE-JOURDAN
JULES CARBONEL
IMPRIMEUR-ÉDITEUR
1927

CHAMBRES DE COMMERCE
CHAMBRES D'AGRICULTURE
ET
PRINCIPAUX GROUPEMENTS ÉCONOMIQUES
DE L'ALGÉRIE

— 31 DÉCEMBRE 1926 —

IMPOT SUR LE CHIFFRE D'AFFAIRES

APPLIQUÉ AUX PRODUITS ALGÉRIENS IMPORTÉS SUR LE TERRITOIRE MÉTROPOLITAIN (1)

La loi du 25 juin 1920 établit, par ses articles 59 à 72, un impôt sur le chiffre des affaires dont l'exécution doit s'accomplir en France.

Ce nouvel impôt sur le chiffre d'affaires a été institué en remplacement des taxes sur les paiements, instituées par la loi du 31 décembre 1917.

Il frappe toutes les personnes qui, habituellement ou occasionnellement, achètent pour revendre, ou accomplissent des actes relevant de professions assujetties à l'impôt sur les bénéfices industriels et commerciaux.

Trois Administrations :

1° Les Contributions indirectes,

2° Les Douanes,

3° L'Enregistrement,

perçoivent, chacune dans leur sphère d'action, l'impôt sur le chiffre d'affaires.

La première, chez les personnes ou sociétés exerçant, à titre principal, une profession ou un commerce les rendant redevables de droits ou taxes perçus par cette Administration ;

La seconde, chez les transitaires ou commissionnaires en Douane ;

La troisième, chez tous les autres redevables.

---

(1) Les textes visés dans la présente étude sont publiés en annexe.

L'article 62 définit le chiffre d'affaires :

1° Pour les personnes vendant des marchandises, denrées, fournitures ou objets quelconques :

— par le montant des ventes effectivement et définitivement réalisées ;

2° Pour les personnes faisant acte d'intermédiaires : mandataires, façonniers, loueurs de choses, entrepreneurs ou loueurs de services, banquiers, escompteurs, changeurs :

— par le montant des courtages, commissions, remises, salaires, prix de location, intérêts, escomptes, agios et autres profits définitivement acquis.

En stipulant que les ventes constitutives du chiffre d'affaires imposable sont celles « effectivement et définitivement réalisées », l'article 62 exige formellement qu'aient été remplies les deux conditions dont la Loi Civile (art. 1583) fait abstraction pour la perfection du contrat de vente : livraison de la marchandise, d'une part, paiement du prix, d'autre part.

De même, en ce qui concerne les intermédiaires, c'est le montant brut des rémunérations réalisées, — c'est-à-dire des sommes définitivement encaissées — qui constitue la base de perception de l'impôt.

Afin de mettre les commerçants ou les particuliers qui effectuent leurs achats hors du territoire métropolitain, sur un pied d'égalité, aussi complet que possible, avec ceux qui effectuent leurs achats à l'intérieur du territoire, l'article 72 assujettit toutes les importations à l'impôt qui, dans ce cas, est perçu par le Service des Douanes et suivant les règles qui lui sont propres.

Ce même article 72, dans le même esprit, assimile à une importation toute vente portant sur des marchandises achetées en France et réalisée, en France, par des personnes établies hors de France ou pour leur compte.

On voit par là qu'aussi bien dans la lettre que dans l'esprit de la loi de 1920, il ne s'agit en rien d'un droit de douane, mais uniquement de l'impôt du chiffre d'affaires qui, lorsque le vendeur ne peut être atteint, doit être acquitté par la marchandise elle-même, la première fois que le fisc français peut la saisir.

C'est ainsi que lorsqu'il s'agit d'une marchandise importée, elle est frappée par le Service des Douanes au moment même de l'entrée en France, et lorsqu'il s'agit d'une marchandise *achetée* en France par le vendeur étranger, et qui, en conséquence, n'a pu être taxée par le Service des Douanes, c'est le détenteur métropolitain de la marchandise qui paye, en supplément de ce qu'il doit lui-même, pour le compte du vendeur étranger.

Par son article 12, la loi du 31 juillet 1920 instituait une majoration d'un pourcentage égal à la taxe sur le chiffre d'affaires, applicable aux importations de marchandises dont le vendeur était établi dans un pays autre que le pays d'origine des dites marchandises, lorsque le vendeur n'avait ni le siège de son commerce, ni une succursale en France. (*Arrêté ministériel du 28 août 1920*).

En ce qui concerne les importations, les textes susvisés ne subirent d'autres modifications que celles qu'y apporta l'article 84 de la loi du 13 juillet 1925.

Cependant, et bien antérieurement à cette date, les Administrations chargées d'assurer l'application desdits textes, ont prétendu que la loi du 25 juin 1920 avait créé, non pas un seul impôt, mais bien deux impôts distincts, ou encore elles admettaient un seul impôt, mais comportant deux taxes : l'une, instituée par l'article 59 et concernant exclusivement les affaires « faites » en France — taxe sur le chiffre d'affaires — ; l'autre, instituée par l'article 72, et concernant exclusivement les affaires d'importation — taxe à l'importation, représentative de la taxe sur le chiffre d'affaires ou, par abréviation : taxe à l'importation.

La Jurisprudence a réduit à néant cette thèse. Il suffit pour s'en convaincre, de se reporter :

1° au Jugement du 13 octobre 1922, Tribunal de Paix de Paris ;

2° au Jugement du 16 juin 1923, Tribunal civil du Havre ;

3° à l'Arrêt du 30 janvier 1924, Cour de Cassation ;

4° à l'Arrêt du 11 mars 1925, Conseil de Préfecture de l'Hérault.

On remarquera dans ces divers documents, que l'Administration des Douanes a, elle-même, soutenu :

— que l'impôt sur le chiffre des affaires faites en France n'était pas distinct de la taxe frappant les opérations d'importation ; qu'il s'agissait d'un seul impôt perçu : « *tantôt* » par le Service des Contributions directes, à l'intérieur, « *tantôt* » par l'Administration des Douanes, quand les marchandises proviennent de l'Etranger.

Elle a également soutenu :

— que, de l'examen des travaux préparatoires et de la rédaction de la loi du 25 juin 1920, il appert que la taxe sur le chiffre d'affaires et l'impôt sur les importations ne sont point deux impôts distincts, mais constituent, par la similitude de leurs caractère et quotité, un impôt unique.

Il est donc amplement démontré par tout ce qui précède, — et dont la majeure partie est littéralement empruntée au texte même de l'Instruction du 29 août 1920 (*J. O. du 3 septembre 1920*) — que la loi du 25 juin 1920 n'a institué qu'une seule et unique taxe sur le chiffre d'affaires, avec différentes modalités de perception, et que cette taxe ne saurait être perçue qu'une seule fois, à l'occasion de la réalisation d'une seule et même affaire. (*Voir au surplus la discussion de la loi à la Chambre et au Sénat, J. O. des 24 et 26 avril 1920*).

Telle était la situation au moment où fut instituée la loi du 13 juillet 1925.

Quels avaient été les buts visés par le législateur ?

Frapper toutes les affaires réalisées en France de l'impôt sur le chiffre de ces affaires (art. 59 et 62) ;

Atteindre également les personnes établies hors de France et réalisant des affaires en France, de façon à établir *l'égalité* entre les commerçants métropolitains assujettis à la taxe sur le chiffre d'affaires, et les commerçants établis hors du territoire métropolitain et non assujettis à cette taxe (art. 59 et 72).

Ces deux buts étaient effectivement atteints.

Ainsi, l'ensemble des textes en vigueur était en harmonie et formait un tout logique.

Toute opération réalisée sur le territoire métropolitain où la taxe sur le chiffre d'affaires était exigible, était frappée de cette taxe.

L'ensemble des articles 60 à 72 réglait les modalités de perception de l'impôt lorsqu'il s'agissait d'opérations portant sur des marchandises se trouvant en France.

L'article 72 réglait le cas particulier où le vendeur n'était pas établi en France, ne pouvait y être personnellement redevable de l'impôt et, dans ce cas, c'était la marchandise elle-même qui était frappée.

Comme il aurait été illogique de frapper de cette même taxe les marchandises sortant du territoire métropolitain, et destinées à des personnes non assujetties à la taxe sur le chiffre d'affaires, l'article 72 exemptait de cette taxe les affaires d'exporation, que l'on cherchait alors à faciliter.

Pourquoi, dans ces conditions, le législateur a-t-il cru devoir modifier, par l'article 84 de la loi du 13 juillet 1925, un état de choses qui répondait, aussi parfaitement que possible, aux divers buts visés ?

Il est peu vraisemblable qu'il ait, non seulement perdu de vue ces buts, mais qu'il ait eu l'intention d'en prendre le contrepied.

Et cependant, du moins en ce qui concerne l'Algérie, c'est là le résultat qui a été atteint.

Avant l'application de cette loi du 13 juillet 1925, et

au regard de l'impôt sur le chiffre des affaires réalisées en France, les commerçants métropolitains et les commerçants algériens se trouvaient placés sur le pied d'égalité.

Aujourd'hui, il n'en est plus de même, et le commerçant algérien se trouve nettement en état d'infériorité et d'ailleurs au même titre que les commerçants étrangers.

Et cependant, l'article 84 de la loi du 13 juillet 1925 a été présenté comme une amélioration « impatiemment attendue » des textes relatifs à l'impôt sur le chiffre d'affaires.

Il apparaît d'ailleurs tel à la lecture puisque d'une part, § I, il abroge l'article 12 de la loi du 31 juillet 1920, c'est-à-dire qu'il supprime la surtaxe sur le chiffre d'affaires à l'importation ; d'autre part, § 2 et 3, il complète l'article 60 de la loi du 25 juin 1920, lequel était exclusivement relatif aux exemptions de la taxe instituée par l'article 59 de la même loi.

C'est uniquement par l'interprétation du texte des paragraphes 4, 5 et 6, que les Administrations chargées de leur application, donnent à cet article 84, devenu leur bréviaire, un caractère aggravant.

Il faut reconnaître que le texte surprend et qu'on discerne mal à quel but il répond.

Le § 4 vise les personnes opérant en France, pour le compte de personnes établies hors de France, et précise que l'impôt sur le chiffre des affaires, institué par l'art. 59 de la loi du 25 juin 1920, sera dû par elles, sur le montant des ventes effectivement et définitivement réalisées.

C'est parfaitement logique, mais superflu, le cas étant déjà prévu et réglé par le paragraphe 2 de l'article 72 de la loi du 25 juin 1920.

Le paragraphe 6, modifié une première fois par la loi du 12 août 1926, et qui vient de l'être à nouveau par l'art. 6 de la loi de finances du 19 décembre 1926, vise uniquement le cas des marchandises importées, destinées à la propre consommation de l'importateur.

Reste le paragraphe 5, celui que l'on oppose aux commerçants algériens, ou du moins aux intermédiaires et mandataires dont ils utilisent les concours.

Ce paragraphe vise en effet le cas où les intermédiaires ou mandataires opèrent sur des marchandises présentées à l'importation et qu'ils introduisent en France.

Dans ce cas, les Administrations réclament à ces intermédiaires et mandataires, l'impôt sur le chiffre d'affaires, calculé non pas seulement sur le montant de leur rémunération, mais encore sur le montant de l'achat ou de la vente réalisés.

C'est là une modification profonde apportée, en fait, à l'article 72 de la loi du 25 juin 1920, et qui lèse incontestablement les intérêts algériens.

Il en résulte que l'égalité qui existait antérieurement à la loi de 1925, entre commerçants métropolitains et commerçants algériens, se trouve aujourd'hui rompue et au détriment des commerçants algériens, et ce même en ne tenant compte que de l'intervention d'un seul intermédiaire : celui qui est visé par le § 5 de l'article 84, c'est-à-dire celui même qui introduit la marchandise en France.

Or, l'Administration des Contributions indirectes n'hésite plus aujourd'hui à rechercher pour le paiement de l'impôt sur le montant de l'affaire, même de simples représentants de commerce établis à l'intérieur du territoire, et qui n'ont nullement contribué personnellement à l'introduction de la marchandise en France.

A la faveur du texte de l'article 84, revenant aux anciens errements et reprenant, pour étayer ses prétentions, l'ancienne théorie des deux taxes en un seul impôt, celles qui auraient été instituées respectivement par les articles 59 à 72 de la loi du 25 juin 1920, l'Administration se croit armée contre tous les intermédiaires opérant en France pour le compte de producteurs ou de commerçants algériens.

Elle les menace de poursuites, de procès-verbaux, de contraintes, et ce, exclusivement en vertu de l'art. 84 de la loi du 13 juillet 1925.

Comme en la circonstance, l'impôt réclamé par l'Administration porte non sur le montant des rémunérations, mais bien sur celui de la marchandise, les sommes à payer seraient bien supérieures à la rémunération acquise et, tout naturellement, les intermédiaires menacés se retournent vers leurs commettants et demandent à ces derniers de prendre à leur charge exclusive, non seulement les sommes réclamées, mais encore tout le préjudice qu'ils pourront éprouver. Mais la loi n'a donné et ne pouvait donner ni aux intermédiaires, ni à l'Administration, la possibilité de récupérer la taxe sur le vendeur établi hors de France.

C'est seulement au cours de ces derniers mois que l'Administration a cru devoir préciser ses intentions et ses menaces.

Si elle obtenait satisfaction, les intermédiaires visés se verraient dans l'impossibilté matérielle de faire supporter aux acheteurs le montant des sommes réclamées, car il s'agit, le plus souvent, d'affaires définitivement liquidées depuis longtemps.

Aux arguments que l'Administration prétend tirer des

interprétations qu'elle donne des textes, on peut opposer les questions précises suivantes :

A-t-on voulu mettre les producteurs et commerçants algériens en état d'infériorité vis-à-vis de leurs collègues métropolitains ?

Si l'impôt sur le chiffre d'affaires était applicable en Algérie, percevrait-on une taxe quelconque sur les produits de l'Algérie importés dans la Métropole ?

Les intermédiaires opérant en France, pour le compte de négociants établis en France, sont-ils passibles de la taxe sur le montant des affaires conclues ?

Les réponses à ces trois questions paraissent ne pouvoir faire aucun doute, du moins sommes-nous fondés à le croire.

Que reste-t-il après cela des théories sur lesquelles s'appuie l'Administration ?

Au surplus, il serait loisible aux algériens, tout au moins en ce qui concerne les produits passibles de taxes intérieures en France, d'esquiver les mesures vexatoires dont ils sont menacés.

Contrairement à ce que l'on pourrait supposer et bien que les produits algériens ne soient frappés d'aucun droit de douane, à leur entrée en France, ils peuvent bénéficier de l'admission dans les Entrepôts réels de Douanes, s'ils sont soumis à des taxes intérieures. (*Art. 165 ter des observations préliminaires du tarif des Douanes*).

Il suffirait donc que les commerçants algériens, après avoir fait admettre leurs marchandises dans un Entrepôt réel des Douanes demandent à leurs acheteurs métropolitains de les faire retirer eux-mêmes, ou pour leur compte, des dits entrepôts. En agissant ainsi, l'acheteur devenant lui-même l'importateur, n'aurait à payer que l'impôt perçu par la Douane. L'intermédiaire n'intervenant pas, serait mis hors de cause.

Voudrait-on obliger le commerce algérien à user de ce subterfuge, d'ailleurs parfaitement légal qui, s'il était efficace au point de vue fiscal, entraînerait cependant des modifications profondes dans les usages commerciaux ?

Les sommes en jeu valent la peine d'y réfléchir, mais ces façons détournées cadrent mal avec le tempérament du Français d'Algérie, toujours épris de droiture. Des textes nets et précis, ne donnant pas lieu à interprétations, seraient mieux accueillis.

En se plaçant exclusivement au point de vue agricole, il suffirait évidemment, reprenant un vœu déjà émis, sans succès, par la Chambre de Commerce d'Alger, que les produits agricoles, originaires et en provenance directe de l'Algérie, des Colonies, Pays de protectorat et de mandat, soient exonérés de la taxe sur le chiffre d'affaires perçue à l'importation en France.

Ce serait là une solution pratique assez rapide.

Elle serait cependant insuffisante, et en tout cas impuissante à régler la situation pour la période du 13 juillet 1925 à ce jour, et c'est pourtant là une question du plus haut intérêt. Il conviendrait donc que les divers groupements commerciaux, industriels et agricoles d'Algérie, après étude approfondie de la question, unissent leurs efforts pour intervenir auprès des Pouvoirs publics et surtout de nos Représentants à la Chambre et au Sénat.

En ce qui concerne plus particulièrement le cas des représentants de commerce qui sont actuellement recherchés par l'Administration, il ne fait aucun doute qu'en vertu des textes législatifs en vigueur avant le 19 décembre 1926, les dispositions de l'article 84 ne leur étaient pas applicables :

a) ils ne sont ni des agents, ni des employés, ni des mandataires munis de pouvoirs suffisants pour réaliser effectivement une vente ;

b) ils ne sont ni des intermédiaires, ni des mandataires au sens de la loi de 1920, puisque l'impôt sur le chiffre d'affaires ne leur a pas été appliqué à ce titre ;

c) ils n'introduisent ni ne vendent eux-mêmes les marchandises importées.

Les représentants de commerce agissant comme tels se bornent à transmettre au vendeur les propositions des acheteurs ou réciproquement, et ils n'engagent jamais leur responsabilité dans les transactions où ils servent d'intermédiares.

Au surplus, cette manière de voir est confirmée par la dernière modification apportée à l'article 84 de la loi du 13 juillet 1925 par l'article 6 de la loi de finances du 19 décembre 1926, qui prévoit le cas précédemment oublié, où l'intermédiaire est un simple voyageur ou représentant de commerce.

L'article 84 ainsi modifié dispose que, dans ce cas, l'impôt sur le chiffre d'affaires sera payé par l'acheteur.

Toutefois, cette disposition ne vise pas l'acheteur recevant de l'Etranger ou des Colonies, des marchandises destinées à être vendues par lui, soit en l'état, soit après transformation.

Les représentants qui sont mis hors de cause pour l'avenir par le législateur de 1926, ne sauraient donc être poursuivis pour le passé, en vertu d'une simple interprétation administrative.

Le paragraphe 2 de l'article 7 de la nouvelle loi de

finances du 19 décembre 1926 dispose que « le taux de « la taxe *instituée* à l'importation par *l'article* 72 de la loi « du 25 juin 1920, est maintenu à 2 % ».

On comprend mal cette disposition, l'article 72 n'ayant jamais établi qu'une modalité de perception de l'impôt sur le chiffre d'affaires institué par l'article 59 de la loi du 25 juin 1920. Au surplus, l'article 11 de la loi du 3 août 1926 disposait déjà que le taux de l'impôt sur le chiffre d'affaires était fixé uniformément à 2 % à compter du 1er août 1926 et sans fixer de délai. alors que le délai était fixé au 31 décembre 1926 par le premier paragraphe de l'article 57 de la loi du 4 avril 1926.

Conclusions

Cet exposé entendu ou communiqué :

La Chambre de Commerce d'Alger,
La Chambre d'Agriculture d'Alger,
Le Syndicat commercial algérien,
et
La Confédération générale des Agriculteurs d'Algérie
en accord avec
Les Chambres de Commerce du Département d'Oran,
La Chambre d'Agriculture d'Oran,
Les Syndicats commerciaux et industriels du Département d'Oran,
et
Les Chambres de Commerce du Département de Constantine,
La Chambre d'Agriculture de Constantine,
Les Syndicats commerciaux et industriels du Département de Constantine,

Considérant que la taxe sur le chiffre d'affaires instituée par l'article 59 de la loi du 25 juin 1920 et perçue à l'importation en vertu de l'article 72 de la même loi a été transformée en un véritable droit de douane :

1° par les dispositions de l'article 84 de la loi du 13 juillet 1925 (paragraphes 5 et 6),

2° par les dispositions de l'article 57 de la loi du 4 avril 1926,

3° par le texte de l'article 7, § 2 de la loi du 19 décembre 1926 qui dispose que « le taux de la taxe instituée « à l'importation par l'article 72 de la loi du 25 juin « 1920 est maintenu à 2 % », alors que dans l'article 57 de la loi du 4 avril 1926, comme dans l'article 11 de la loi du 3 août 1926, il n'est fait aucune distinction entre les modalités de perception de la taxe sur le chiffre d'affaires (art. 59 à 72),

4° par le fait que l'Administration des Finances contrairement à sa thèse précédente, cependant sanctionnée par l'arrêt de la Cour de Cassation du 30 janvier 1924, prétend que l'article 72 a institué un impôt différent de celui institué par l'article 59 de la loi du 25 juin 1920,

5° par le fait que l'Administration des Douanes à la demande de l'Administration des Contributions indirectes et pour soutenir la prétention ci-dessus indiquée a remplacé, sur ses quittances, la rubrique imprimée « Taxe sur le chiffre d'affaires », par la rubrique manuscrite « Taxe d'importation » (*Instruction du 30 octobre 1926 — Bulletin douanier du 5 novembre 1926*),

6° par le fait que, à diverses reprises, le Ministre des Finances questionné a déclaré que, en matière de chiffre d'affaires, l'Algérie doit être traitée comme l'Etranger ;

Considérant que la dite taxe perçue par application de l'article 72 ne pouvait être légalement appliquée aux importations algériennes dans la Métropole qu'à la condition expresse d'être représentative d'un impôt intérieur, et pour mettre sur un pied d'égalité les acheteurs métropolitains qui effectuent leurs achats dans la Métropole et ceux qui effectuent leurs achats en Algérie ;

Considérant que la dite taxe, encore qu'elle ne réalise plus l'égalité recherchée et qu'elle doive être considérée comme une véritable taxe douanière, est toujours appliquée aux importations algériennes ;

Considérant que l'article 84 de la loi du 13 juillet 1925 conçu, d'après l'Administration des Finances, dans un but d'équité et d'amélioration fiscales, a atteint un résultat diamétralement opposé, puisque, ainsi qu'il ressort de la présente étude, les producteurs, éleveurs, industriels et commerçants algériens sont surtaxés par rapport à leurs collègues métropolitains ;

Considérant que plus spécialement en ce qui concerne l'agriculture algérienne, le producteur algérien qui désire vendre lui-même dans la Métropole les produits de sa récolte, se trouve en état d'infériorité marquée vis-à-vis du producteur métropolitain. Celui-ci n'est pas frappé de la taxe sur le chiffre d'affaires, sur la vente directe ou indirecte de ses produits alors que le producteur algérien en est inévitablement frappé au moment où ses produits pénètrent sur le territoire métropolitain. Il risque même, en l'état actuel des prétentions de l'Administration, d'en être frappé plusieurs fois, tout comme le commerçant algérien ;

Considérant que toutes ces anomalies proviennent bien plus de fausses interprétations des textes sus-visés que d'imperfections des dits textes ;

Considérant que de telles pratiques, très préjudiciables aux intérêts de l'agriculture et du commerce, portent gravement atteinte au principe de l'union douanière, et par ce fait même tendent à enlever à l'Algérie la qualité de Territoire français, qu'elle revendique hautement.

Estiment :

Qu'il conviendrait de revenir, sans tarder, à une plus juste application de l'égalité fiscale entre producteurs, éleveurs, industriels et commerçants métropolitains et algériens, seul objectif voulu et poursuivi par le législateur ;

En faisant intervenir immédiatement, dans ce but, l'ensemble des Représentants de l'Algérie à la Chambre et au Sénat auprès de M. le Président du Conseil, Ministre des Finances, afin d'obtenir de ce dernier :

a) qu'il spécifie nettement à ses Services que la loi du 25 juin 1920 n'a institué qu'une seule et unique taxe « sur le chiffre des affaires réalisées en France », et que cette taxe une fois payée sous une forme quelconque, ne peut pas être répétée à l'occasion de la réalisation d'une même affaire ;

b) qu'il donne, d'extrême urgence, à tous ses Services, toutes instructions utiles pour faire cesser immédiatement les poursuites et menaces dont sont l'objet, en France, les divers intermédiaires opérant ou ayant opéré, pour le compte de producteurs, éleveurs, industriels et commerçants algériens.

ANNEXES

I. — TEXTES LEGISLATIFS ET REGLEMENTAIRES

Loi du 25 juin 1920

Art. 59. — A partir du premier jour du mois qui suivra la promulgation de la présente loi, il est institué un impôt sur le chiffre des affaires faites en France par les personnes qui, habituellement ou occasionnellement, achètent pour revendre, ou accomplissent des actes relevant des professions assujetties à l'impôt sur les bénéfices industriels et commerciaux institué par le titre Ier de la loi du 31 juillet 1917, ainsi que par les exploitants d'entreprises assujetties à la redevance proportionnelle prévue par l'article 33 de la loi du 21 avril 1810.

Art. 60. — Sont exemptes de la taxe prévue à l'article précédent :

1° Les affaires consistant dans la vente du pain ;

2° Les affaires ayant pour objet la vente des produits monopolisés par l'Etat ainsi que des timbres et papiers timbrés débités par l'Etat ;

3° Les affaires effectuées par les exploitants de services publics concédés tenus d'appliquer des tarifs fixés ou homologués par l'autorité publique et soumises à ces tarifs ;

4° Les affaires effectuées par les agents de change, les courtiers maritimes, les courtiers d'assurances maritimes et autres personnes ou sociétés, mais exclusivement lorsqu'elles donnent lieu à des commissions ou courtages fixés par des lois ou des décrets ;

5° Les affaires assujetties à l'impôt sur les opérations de bourse des valeurs édicté par l'article 28 de la loi du 28 avril 1893 ;

6° Les affaires assujetties à l'impôt sur les opérations de bourse de commerce édicté par les articles 11 de la loi du 13 juillet 1911 et 9 de la loi du 27 février 1912, à l'exclusion de celles qui déterminent l'arrêt de la filière.

Si une affaire comprise dans une filière a été effectuée par une personne non assujettie au répertoire prescrit par les dispositions ci-dessus rappelées, l'impôt sur le chiffre d'affaires applicable à cette opération est réduit, s'il y a lieu, à une somme égale à l'impôt sur les opérations de bourse de commerce ;

7° Les affaires effectuées par les fabricants ou importateurs et portant sur des produits pharmaceutiques et assimilés sur lesquels est perçu l'impôt de dix pour cent (10 p. 100) institué par l'article 16 de la loi du 30 décembre 1916 ;

8° Les affaires effectuées par les sociétés de capitalisation et assujetties à l'impôt établi par l'article 38 de la présente loi ;

9° Les affaires effectuées par les sociétés ou compagnies d'assurances et tous autres assureurs, quelle que soit la nature des risques assurés, et qui sont soumises aux taxes de timbre et d'enregistrement édictées par les articles 6 de la loi du 23 août 1871, 8 de la loi du 29 décembre 1884, 16 de la loi du 13 avril 1898, 16, 17, 18, 20 et 21 de la loi du 29 juin 1918, 2 de la loi du 14 juin 1919 et 39 de la présente loi ;

10° Les affaires effectuées par les entrepreneurs de spectacles et autres attractions et divertissements assimilés et soumises à la taxe instituée par l'article 13 de la loi du 31 décembre 1916 et modifiée par les articles 92 et suivants de la présente loi ;

11° Les affaires effectuées par les entrepreneurs de voitures publiques de terre et d'eau ou les loueurs de voitures partant d'occasion ou à volonté et soumises aux taxes édictées par les articles 115 et suivants de la loi du 25 mars 1817, 8 de la loi du 28 juin 1833, 1er, 2 et 3 de la loi du 11 juillet 1879, 98 et suivants de la présente loi.

Art. 61. — Toute personne redevable de l'impôt établi par l'article 59 de la présente loi et qui n'est pas inscrite au rôle de l'impôt sur les bénéfices industriels et commerciaux doit, dans le mois de la promulgation de la présente loi ou dans les quinze jours du commencement de ses opérations ou de l'ouverture de son établissement industriel ou commercial, souscrire au bureau qui sera désigné par le règlement d'administration publique prévu par l'article 67 ci-après une déclaration dont la forme et le contenu seront déterminés par le même décret.

Art. 62. — Pour la liquidation de l'impôt institué par l'article 59 le chiffre d'affaires est constitué :

1° Pour les personnes vendant des marchandises, denrées, fournitures ou objets quelconques, par le montant des ventes effectivement et définitivement réalisées ;

2° Pour les personnes faisant acte d'intermédiaires, mandataires, façonniers, loueurs de choses, entrepreneurs ou loueurs de services, banquiers, escompteurs, changeurs, par le montant des courtages, commissions, remises, salaires, prix de location, intérêts, escomptes, agios et autres profits définitivement acquis.

Lorsqu'une personne effectue des opérations rentrant les unes dans la première catégorie et les autres dans la seconde catégorie, son chiffre d'affaires est déterminé en appliquant à chacune des opérations les définitions ci-dessus.

Si l'impôt a été perçu à l'occasion de ventes ou de services qui sont par la suite résiliés, annulés ou qui restent impayés, il sera imputé, de la manière fixée au règlement d'administration publique prévu à l'article 67, sur l'impôt dû pour les affaires faites ultérieurement ; il sera restitué si la personne qui l'a acquitté a cessé d'y être assujettie.

Art. 63. — Le taux de l'impôt est fixé à un pour cent

(1 p. 100), avec un décime au profit des départements et des communes, du chiffre d'affaires, tel qu'il est défini à l'article qui précède.

Toutefois, il est porté, savoir :

1° A trois pour cent (3 p. 100), sans décimes, pour les affaires afférentes au logement et à la consommation sur place de boissons et denrées alimentaires quelconques effectuées dans des établissements classés comme étant de seconde catégorie ;

2° A dix pour cent (10 p. 100), sans décimes, pour les dépenses afférentes au logement et à la consommation sur place de boissons et denrées alimentaires quelconques effectuées dans des établissements classés comme étant de première catégorie ;

3° A dix pour cent (10 p. 100), sans décimes, pour les ventes au détail ou à la consommation des marchandises, denrées, fournitures ou objets quelconques classés comme étant de luxe.

Les sommes perçues pour les communes et les départements seront réparties selon des règles fixes établies par la loi de finances de 1921 à raison de deux tiers pour les communes et d'un tiers pour les départements.

Art. 64. — Le Gouvernement est autorisé à effectuer par décrets le classement des marchandises, denrées, fournitures ou objets quelconques de luxe, ainsi que la modification du classement opéré. Ces décrets seront soumis à la ratification législative, immédiatement si les Chambres sont réunies, sinon, dès l'ouverture de leur plus prochaine session ; ils resteront applicables jusqu'à la mise en vigueur de la loi statuant sur leur ratification.

Le classement des établissements de première et de seconde catégorie sera effectué dans chaque département par une Commission siégeant au chef-lieu et composée : du directeur de l'Enregistrement, du directeur des Contributions directes et du Cadastre, du directeur des Contributions indirectes, de deux représentants du commerce intéressé désignés par les Chambres de Commerce ou, à défaut, par le Ministre du Commerce et d'un membre délégué par les grandes associations de tourisme ou les syndicats d'initiative ou désigné, à défaut, par le Ministre des Travaux publics. La Commission est présidée par le plus ancien en garde des chefs de service ci-dessus énumérés. En cas de partage des voix, celle du Président sera prépondérante.

Les décisions des Commissions départementales seront notifiées au chef de l'établissement intéressé par lettre recommandée avec accusé de réception.

Dans le délai d'un mois à compter de cette notification, appel peut être interjeté, soit par le chef de l'établissement, soit par le directeur des Contributions indirectes. Cet appel est porté devant une Commission supérieure composée de :

Un délégué du Ministre du Commerce ;

Deux délégués du Ministre des Finances ;

Deux membres des Chambres syndicales des commerces intéressés ;

Trois membres désigné par la réunion des Présidents des Chambres de Commerce ou, à défaut, par le Ministre du Commerce.

Le Président de la Commission sera désigné par arrêté du Ministre des Finances et aura voix prépondérante en cas de partage.

La Commission supérieure statue sur mémoire. Ses décisions ne peuvent être attaquées que pour excès de pouvoir ou violation de la loi devant le Conseil d'Etat ; mais l'intéressé et le directeur des Contributions indirectes peuvent, après une année révolue, réclamer de la Commission un nouvel examen et ainsi d'année en année.

L'appel ne suspendra pas l'exécution des décisions des Commissions départementales.

Un décret déterminera les conditions de fonctionnement des Commissions départementales et de la Commission supérieure.

Seuls les établissements classés dans la première catégorie pourront prendre dans les enseignes, réclames, annonces, guides ou autres publications, la qualification d'établissement de luxe. Au cas d'infraction, l'établissement pourra être immédiatement classé dans la première catégorie.

Le classement des établissements prévu par le présent article devra être effectué dans les deux mois à compter de la promulgation de la présente loi. Jusqu'à ce qu'il ait été opéré, les dépenses effectuées dans les établissements classés comme établissements de luxe par application de l'article 28 de la loi du 31 décembre 1917 seront soumises à l'impôt de dix pour cent (10 p. 100) et celles effectuées dans tous les autres établissements à l'impôt d'un pour cent (1 p. 100).

Art. 65. — L'impôt d'un (1), de trois (3), ou de dix pour cent (10 p. 100) est acquitté par les personnes désignées à l'article 59.

Sa perception suit les sommes d'un franc en un franc inclusivement et sans fraction.

Toutefois, pour tous les marchés ou contrats conclus avant la mise en vigueur de la présente loi et portant sur la livraison au détail ou à la consommation de marchandises, denrées, fournitures ou objets classés comme étant de luxe, l'impôt de dix pour cent (10 p. 100) sera à la charge de l'acheteur ou consommateur, aux lieu et place de la taxe de même quotité qui aurait été à sa charge en vertu de l'article 27 de la loi du 31 décembre 1917.

Art. 66. — Toute personne redevable de l'impôt sur le chiffre des affaires devra, si elle ne tient pas habituellement une comptabilité permettant de déterminer son chiffre d'affaires tel qu'il est défini à l'article 62 ci-dessus, avoir un livre aux pages numérotées, sur lequel elle inscrira, jour par jour, sans blanc ni rature :

a) Si elle vend des marchandises, denrées, fournitures ou objets, chacune des ventes qu'elle a effectuées ;

b) Si elle vend des services, chacun des courtages, commissions, remises, salaires, prix de location, intérêts, escomptes, agios et autres profits constituant la rémunération de ces services.

Chaque inscription doit indiquer la date, la désignation sommaire des objets vendus ou du service rendu, ainsi que le prix de la vente ou le montant des courtages, commissions, remises, salaires, prix de location, intérêts, escomptes, agios ou autres profits. Toutefois, les opérations au comptant pour des valeurs inférieures à cent francs (100 francs) et ne s'appliquant pas à des objets classés comme étant de luxe pourront être inscrites globalement à la fin de chaque journée.

Lorsque la vente aura été conclue avec un autre commerçant et que le prix dépassera cinq cents francs (500 francs), le livre portera, en outre, le nom et l'adresse de ce commerçant.

Le montant des opérations inscrites sur le livre sera totalisé à la fin de chaque mois.

Le livre prescrit par le premier alinéa du présent article ou la comptabilité en tenant lieu, ainsi que les pièces justificatives des opérations effectuées par les redevables, notamment les factures d'achats, devront être conservés pendant un délai de trois ans à compter du 1er janvier de l'année durant laquelle le livre a été commencé ou durant laquelle les pièces ont été établies.

Art. 67. — Les personnes visées à l'article précédent sont tenues :

1° De fournir aux agents des Contributions directes ainsi qu'à ceux des autres services financiers qui seront désignés par un règlement d'administration publique pour chaque catégorie de commerçants, tant au principal établissement que dans les succursales et agences, toutes justifications nécessaires à la fixation du chiffre d'affaires ;

2° De remettre chaque mois, de la manière et dans le délai qui seront fixés par le règlement d'administration publique prévu au premier alinéa du présent article, un relevé qui indiquera le montant total du chiffre de leurs affaires pendant le mois précédent et distinctement, s'il y a lieu, les fractions de ce chiffre passibles de la taxe de dix pour cent (10 p. 100), ainsi que d'acquitter le montant des taxes exigibles d'après ce relevé dans les conditions qui seront arrêtées par le même règlement.

Ce règlement pourra déterminer les conditions auxquelles l'Administration aura la faculté de dispenser les redevables de certaines des obligations édictées par l'article 66 et de celles édictées sous le numéro 2° ci-dessus, moyennant le versement d'un forfait annuel, ou de modifier exceptionnellement le délai de déclaration et de payement fixé audit numéro.

Par exception, le premier des relevés prescrits ci-dessus ne sera envoyé et le premier versement de l'impôt ne sera effectué que le troisième mois qui suivra celui de la promulgation de la présente loi. Ce premier relevé comprendra, avec le chiffre de chaque mois, le montant total du chiffre d'affaires depuis la mise en vigueur de la loi jusqu'à la fin du mois précédent son envoi.

Art. 68. — Toute contravention aux dispositions des articles 59 à 67 sera punie :

1° Si elle n'a privé le Trésor d'aucune fraction de l'impôt à la charge du contrevenant, d'une amende fiscale de mille francs (1.000 francs), sans décimes ;

2° Si elle a entraîné le défaut de payement dans le délai légal de la totalité ou d'une partie de l'impôt, d'une amende fiscale égale, pour chaque mois ou fraction de mois de retard, au montant de l'impôt non payé dans le délai légal, avec minimum de mille francs (1.000 francs), sans décimes.

Au cas où un contrevenant, ayant encouru depuis moins de trois ans une des amendes fiscales ci-dessus édictées, aura commis intentionnellement une nouvelle infraction, il pourra être traduit devant le Tribunal correctionnel à la requête de l'administration compétente et puni d'un emprisonnement de huit jours à trois mois. Le Tribunal correctionnel pourra ordonner, à la demande de l'administration, que le jugement sera publié intégralement ou par extraits dans les journaux qu'il désignera et affiché dans les lieux qu'il indiquera, le tout aux frais du condamné. Toutes dispositions de l'article 7 de la loi du 1er août 1905 seront applicables dans ce cas.

L'article 463 du Code pénal sera applicable, même en cas de récidive, aux délits prévus par le présent article.

Art. 69. — Tout refus par un redevable des communications prescrites par les articles 66 et 67 de la présente loi sera constaté par un procès-verbal et puni d'une amende de cinq cents (500) à cinq mille francs (5.000 francs), sans décimes.

Indépendamment de cette amende, le redevable devra, en cas d'instance, être condamné à représenter les pièces et documents non communiqués sous une astreinte de cent francs (100 francs) au minimum par chaque jour de retard.

Cette astreinte, non soumise aux décimes, commencera à courir de la date de la signature par la partie ou de la notification du procès-verbal qui sera dressé pour constater le refus d'exécuter le jugement régulièrement signifié ; elle ne cessera que du jour où il sera constaté, au moyen d'une mention inscrite par un agent de contrôle sur un des livres du redevable, que l'administration a été mise à même d'obtenir la communication.

Art. 70. — Les infractions aux prescriptions de la présente loi relatives à l'impôt sur le chiffre des affaires peuvent être établies par tous les modes de preuve de droit commun ou constatées au moyen de procès-verbaux dressés par les officiers de police judiciaire et par les agents de l'Enregistrement, des Contributions directes, des Contributions indirectes, des Douanes et de la Répression des fraudes.

Un dixième des amendes recouvrées sera versé à un fonds commun qui sera réparti au personnel chargé de l'application de l'impôt sur le chiffre d'affaires.

L'action de l'Administration se prescrit par trois ans à compter de l'infraction.

Les poursuites contre les redevables auront lieu par voie de contraintes décernées par les agents des Services financiers qui seront désignés par le règlement d'administration publique prévu par l'article 67 de la présente loi. Les contraintes seront visées par le Juge de paix de l'endroit où l'impôt devra être acquitté et signifiées aux redevables. L'exécution des contraintes ne pourra être interrompue que par une opposition formée par le redevable et motivée avec assignation devant le Conseil de préfecture.

Sous la réserve spécifiée à l'alinéa qui précède, les instances sont introduites, instruites et jugées par les Conseils de préfecture, sauf appel devant le Conseil d'Etat suivant les formes fixées par la loi du 22 juillet 1889.

L'action en restitution des redevables se prescrit par deux ans à compter du payement.

Art. 71. — Lorsqu'une vente publique comprendra des marchandises, denrées, fournitures ou objets quelconques appartenant à une personne redevable de l'impôt sur le chiffre d'affaires et classés comme étant de luxe conformément à l'article 64 de la présente loi, la taxe de dix pour cent (10 p. 100) sera perçue, lors de l'enregistrement du procès-verbal de la vente, sur le prix desdits objets, aux lieu et place du droit d'enregistrement exigible sur ce prix.

Art. 72. — Les importations d'objets ou de marchandises sont soumises, quel que soit l'importateur, à l'impôt de un pour cent (1 p. 100) qui sera liquidé sur la valeur desdits objets ou marchandises, droits de douane et de consommation ou de circulation compris, ou, s'il s'agit de marchandises, denrées, fournitures ou objets destinés à un non commerçant et classés comme étant de luxe, à l'impôt de dix pour cent (10 p. 100) édicté par l'article 63 de la présente loi. Dans ce cas, l'impôt sera perçu, les contraventions seront punies, les poursuites seront effectuées et les instances instruites et jugées comme en matière de douane et par les tribunaux compétents en cette matière.

Lorsqu'une personne résidant hors de France a acheté en France des marchandises ou objets qu'elle donne l'ordre de livrer en France à un tiers auquel elle les a revendues, la livraison opérée en vertu de cet ordre sera assimilée à une importation et le vendeur qui l'effectuera sera, en conséquence, tenu d'acquitter, indépendamment de l'impôt applicable à l'affaire réalisée avec ladite personne, un second impôt de un ou de dix pour cent (1 ou 10 p. 100) selon la qualité du tiers qui a reçu la livraison et la nature des marchandises ou objets livrés.

Sont exemptes de l'impôt de un ou de dix pour cent (1 ou 10 p. 100) les affaires s'appliquant à des opérations de vente, de commission ou de courtage qui portent sur des objets ou marchandises exportés, sous réserve, en ce qui concerne les affaires passibles de l'impôt de dix pour cent (10 p. 100), des exceptions qui seront déterminées par les décrets prévus à l'article 64 de la présente loi.

Les mesures nécessaires pour l'exécution des dispositions du présent article, notamment la définition de la matière imposable, seront réglées par des arrêtés ministériels.

Art. 73. — Les articles 23 à 28 de la loi du 31 décembre 1917 sont abrogés à partir de la mise en vigueur de la présente loi, sous réserve des dispositions ci-après :

La taxe établie par l'article 27 de la loi du 31 décembre 1917 continuera, en ce qui concerne les eaux-de-vie, liqueurs, apéritifs et vins de liqueur, ainsi que les vins fins qui seront classés comme étant de luxe par les décrets prévus à l'article 64 ci-dessus, à être perçue dans les conditions fixées par les articles 24 de la loi du 29 juin 1918 et 19 de la loi du 31 décembre 1918. Toutefois, le taux de la taxe est porté à vingt-cinq pour cent (25 p. 100) en ce qui concerne les eaux-de vie, liqueurs, apéritifs et vins de liqueur et à quinze pour cent (15 p. 100) en ce qui concerne les vins classés comme étant de luxe.

Ces ventes n'entreront pas dans le chiffre des affaires soumises à l'impôt institué par l'article 59 de la présente loi, mais uniquement en ce qui concerne le commerçant tenu d'acquitter la taxe de vingt-cinq ou de quinze pour cent (25 ou 15 p. 100).

Art. 74. — La constation et la perception des taxes de vingt-cinq pour cent (25 p. 100) sur les spiritueux et vins de liqueur et de quinze pour cent (15 p. 100) sur les vins fins sont assurées par l'Administration des Contributions indirectes.

Cette perception est effectuée soit au comptant au moment de la déclaration d'enlèvement des boissons faite à la recette buraliste pour la délivrance de l'expédition, sur la déclaration, par l'expéditeur, de la valeur des boissons imposées, soit mensuellement si le commerçant a été autorisé à être en compte avec le Trésor.

Dans ce dernier cas, le commerçant est tenu : 1° de fournir une caution spéciale ; 2° d'inscrire ses ventes, rendus et échanges sur un livre dont le modèle est agréé par le directeur départemental et qui doit être représenté à toute réquisition ; 3° de remettre au service, dans les dix premiers jours de chaque mois, un extrait certifié de ce livre, concernant les opérations du mois précédent.

Les commerçants en spiritueux, vins de liqueur ou vins fins sont également tenus de représenter à toute réquisition du Service des Contributions indirectes leurs livres, registres, pièces de recettes, de dépenses et de comptabilité.

Art. 75. — Les taxes de vingt-cinq pour cent (25 p. 100) et de quinze pour cent (15 p. 100) sont perçues sur toutes les importations de spiritueux, vins de liqueur et vins fins à destination des débitants et des consommateurs. La perception en sera opérée à la Recette buraliste, en même temps que celle du droit de consommation ou de circulation, lors de la déclaration effectuée par l'importateur pour la délivrance du titre de mouvement. Cette déclaration, faite par écrit devra mentionner la valeur de la marchandise sur le marché intérieur, et la taxe sera perçue d'après cette valeur, droits de douane et de consommation (ou de circulation) compris.

Art. 76. — Les contraventions aux dispositions des articles 74 et 75 sont constatées, à la requête de l'Administration des Contributions indirectes, dans la forme ordinaire, par les employés des Contributions indirectes et des Douanes.

Elles seront punies d'une amende de cinquante à cinq cents francs (50 à 500 francs), du quintuple des droits fraudés ou compromis, ainsi que de la confiscation des boissons qui seront saisies.

Loi du 31 juillet 1920

Art. 12. — L'impôt sur les importations sera majoré d'un pourcentage égal à la taxe sur le chiffre d'affaires, lorsque le vendeur français ou étranger n'a pas le siège de son commerce ni une succursale en France et, par suite, ne paye pas la taxe sur le chiffre d'affaires.

Toutefois, la majoration ne s'applique pas aux produits facturés quand le vendeur est établi au pays d'origne.

Arrêté ministériel du 18 aout 1920
(Ministère des Finances)

Art. 8. — Sauf dans le cas où des documents produits par l'importateur, il résulte manifestement que l'opération n'est pas passible de la taxe supplémentaire de 1,10 p. 100, l'exemption de cette majoration ne peut, le cas échéant, être accordée qu'aux conditions suivantes :

L'importateur devra présenter, soit en original, soit en copie certifiée par l'autorité consulaire française ou par une autorité locale, la facture contenant l'indication précise des nom, domicile et profession du vendeur et du lieu où l'opération a été facturée ; si la facture ne peut être fournie, l'importateur devra présenter un certificat de l'autorité consulaire française ou de l'autorité locale énonçant, d'après les livres ou autres justifications produites, avec l'espèce et la quantité des marchandises, les nom, domicile et profession de la personne ayant fait l'opération.

Il devra résulter de ces pièces que le vendeur est établi au pays d'origine de la marchandise et que l'opération de vente a été effectivement conclue dans ce pays.

Si l'importateur demande à être exempté de la majoration de 1,10 p. 100 au titre de vendeur ayant siège ou succursale en France, l'exemption n'est accordée qu'au vu d'une déclaration écrite de l'intéressé, attestant que l'opération sera inscrite sur le livre tenu par ledit siège ou succursale conformément à l'article 66 de la loi du 25 juin 1920.

Les formalités prévues aux paragraphes qui précèdent, doivent, à toute éventualité, être remplies, lors du dépôt de la déclaration, en ce qui concerne les marchandises présentées pour l'un des régimes suspensifs de la taxe, ainsi qu'il est spécifié à l'article 4. Il en est de même à l'égard des marchandises faisant l'objet de soumissions cautionnées en vue de la réexportation.

Les formalités prévues aux deux premiers paragraphes n'ont pas à être remplies en ce qui concerne les importations faites sous le contrôle de l'Etat, les prestations étrangères stipulées par les traités de paix et les opérations qui sont dépourvues de caractère commercial.

Loi du 13 juillet 1925

Art. 84. — L'article 12 de la loi du 31 juillet 1920 est abrogé.

L'article 60 de la loi du 25 juin 1920 est complété ainsi qu'il suit :

« Sont également exemptes de la taxe prévue à l'article 59 les affaires consistant dans la vente de produits végétaux, animaux ou minéraux, importés à l'état brut, dont la liste sera fixée par un décret rendu sur la proposition des Ministres des Finances, du Commerce et des Colonies, lorsque cette vente est effectuée par l'importateur lui-même et que les produits sont vendus dans l'état où ils ont été importés. Pour l'application de cette disposition, le vendeur n'est importateur que s'il a pris livraison des produits dont la vente doit être exonérée avant leur passage à la douane. Le décret susvisé énumérera en outre les justifications à produire pour bénéficier de l'exemption. Ce décret sera soumis à la ratification législative, immédiatement si les Chambres sont réunies, sinon, dès l'ouverture de leur plus prochaine session ; il restera applicable jusqu'à la mise en vigueur de la loi statuant sur sa ratification.

« Pour les personnes opérant en France comme agents ou employés de personnes non établies en France, le chiffre d'affaires servant de base à la liquidation de l'impôt institué par l'article 59 de la loi du 25 juin 1920 est constitué par le montant des ventes effectivement et définitivement réalisées.

« Si les opérations effectuées par les intermédiaires ou mandataires portent sur des marchandises présentées à l'importation et qu'ils introduisent en France, l'impôt sera perçu sur le montant de l'achat ou de la vente ainsi réalisée, sauf en ce qui concerne les produits visés par le paragraphe 3 précédent et sous réserve des justifications prévues audit paragraphe.

« Lorsque les marchandises présentées à l'importation de l'Etranger ou des Colonies ne sont pas introduites en France par les soins d'un agent ou employé de personnes non établies en France ou par ceux d'un intermédiaire ou mandataire, l'impôt sera dû par l'acheteur dans les conditions prévues par la loi du 25 juin 1920 et portera sur le montant des achats effectivement et définitivement réalisés, sauf quand il s'agit de produits visés par le paragraphe 3 précédent. Cette disposition ne vise que l'acheteur recevant de l'Etranger ou des Colonies des marchandises destinées à son usage ou à sa propre consommation et non à la revente ».

LOI DU 4 AVRIL 1926

Art. 57. — Les affaires actuellement taxées au taux de 1,30 p. 100 par application des articles 59 et 72 de la loi du 25 juin 1920 et 3 de la loi du 22 mars 1924, seront, à compter du 1er avril 1926 et jusqu'au 31 décembre 1926 taxées au taux de 2 p. 100, dont 0,10 au profit des départements et des communes.

Toutefois, le taux de 1,30 p. 100 restera applicable aux affaires de vente au détail ou à la consommation sur place.

A compter de la même date, et pour la même durée, le taux de la taxe sur les charbons prévu par l'article 142 de la loi du 13 juillet 1925 sera porté de 1,80 à 2,50 p. 100, dont 0,15 au profit des départements et des communes.

Toutefois, les taux de 1,30 et de 1,80 p. 100 resteront applicables aux affaires conclues moyennant un prix ferme avant le 31 mars 1926, mais seulement dans la mesure où les marchandises auront été livrées ou les services exécutés avant le 30 juin 1926.

Le lait livré pour l'alimentation à l'état naturel sera exempté de la taxe sur le chiffre d'affaires.

A partir de la date prévue au premier alinéa du présent article et jusqu'au 31 décembre 1926, les taux des taxes instituées par l'article 143 de la loi du 13 juillet 1925 sont modifiés comme suit :

1° Taxe à l'abatage :

Veau et mouton, 0 fr. 20 par kilogramme de poids vif de l'animal ;

Bœuf, 0 fr. 125 par kilogramme de poids vif de l'animal ;

Cheval, 0 fr. 10 par kilogramme de poids vif de l'animal ;

Porc, 0 fr. 25 par kilogramme de poids vif de l'animal ;

2° Taxe à l'importation :

Veau et mouton, 0 fr. 40 par kilogramme de viande nette importée ;

Bœuf et cheval, 0 fr. 25 par kilogramme de viande nette importée ;

Porc, 0 fr. 50 par kilogramme de viande nette importée.

L'exonération prévue par le premier paragraphe de l'article 143 de la loi du 13 juillet 1925 est étendue aux affaires portant sur la viande de porc cuite, salée ou travaillée.

Les affaires afférentes au logement et à la consommation sur place des boissons et denrées alimentaires effectuées dans les établissements actuellement classés comme étant de deuxième ou de première catégorie seront, à compter de la date fixée au premier paragraphe ci-dessus, taxées à 4 p. 100 et 13 p. 100.

Art. 58. — Les taux fixés par le précédent article sont portés de 2,50 p. 100 pour les produits réalisés par les personnes visées au 2e de l'article 62 de la loi du 25 juin 1920, à l'exception des façonniers n'occupant pas plus de trois ouvriers ou employés, qui ne payeront que le taux de 2 p. 100.

Sont exonérées de la majoration de 1,20 p. 100 les entreprises de journaux.

Art. 60. — A partir du 1er avril 1926, la perception de l'impôt institué par les articles 59 à 72 de la loi du 25 juin 1920 sera exclusivement reportée :

1° En ce qui concerne les nitrates de soude, nitrates de chaux, cyanamide, sulfate d'ammoniaque, sels de potasse K^2O, scories de déphosphoration, superphosphates et tourteaux, sur les affaires de ventes effectuées par les fabricants de ces produits, ainsi que sur l'importation desdits produits, le taux de l'impôt étant fixé jusqu'au 31 décembre 1926 à 3,50 p. 100 ; toutefois, sont exonérées de l'impôt sur le chiffre d'affaires les ventes de phosphates, os et pyrites servant à la fabrication des superphosphates ;

2° En ce qui concerne les cafés et les thés, sur l'importation de ces denrées, les taux de l'impôt étant fixés jusqu'au 31 décembre 1926 à 8 p. 100 pour les cafés et 7 p. 100 pour les thés.

Des arrêtés du Ministre constitueront, dans le délai d'un mois à dater de la promulgation de la présente loi, des Commissions spéciales composées de représentants du Ministre des Finances, des industriels et des commerçants intéressés, en vue de substituer, dans les cas où cela sera possible, à l'impôt sur le chiffre d'affaires des taxes *ad valorem* perçues à un ou plusieurs stades de la fabrication et d'un rendement qui ne pourra être supérieur au rendement actuel.

D'après les travaux de ces Commissions, le Ministre des Finances devra soumettre ses projets à l'examen et au vote du Parlement lors de la discussion de la loi de finances de 1927.

Art. 61. — Sont abrogées toutes dispositions antérieures en ce qu'elles ont de contraire à la présente loi.

Loi du 3 aout 1926

Art. 11. — Est fixé uniformément au taux de 2 p. 100, dont 0,10 au profit des départements et des communes, à compter du 1er août 1926, le taux de l'impôt sur le chiffre d'affaires applicable aux affaires actuellement taxées à 1,30, 2 ou 2,50 p. 100.

Toutefois, le taux de 1,30 p. 100 reste applicable aux affaires imposables, réalisées par les entreprises de journaux, ainsi qu'aux ventes de papier faites et aux prestations de services rendues à ces mêmes entreprises.

L'exonération prévue par l'article 13 de la loi du 31 juillet 1920, en ce qui concerne le produit des abonnements ou de la vente au numéro, s'applique aux entreprises de journaux dont le prix ne dépasse pas cinquante centimes par exemplaire.

Loi du 12 août 1926

Art. 1er. — Est ratifié le décret du 14 août 1925, rendu en application des dispositions du troisième paragraphe de l'article 84 de la loi de finances du 13 juillet 1925.

Art. 2. — Le dernier alinéa de l'article 84 de la loi de finances du 13 juillet 1925 est remplacé par la disposition suivante :

« Lorsque les marchandises présentées à l'importation de l'Etranger ou des Colonies ne sont pas introduites en France par les soins d'un agent ou employé de personnes non établies en France ou par ceux d'un intermédiaire ou mandataire, l'impôt sera dû par l'acheteur dans les conditions prévues par la loi du 25 juin 1920 et portera sur le montant des achats effectivement et définitivement réalisés, sauf quand il s'agit de produits visés par le paragraphe 3 précédent.

« Cette disposition ne vise pas l'acheteur recevant de l'Etranger ou des Colonies des marchandises destinées à être vendues par lui soit en l'état, soit après transformation ».

Loi du 19 décembre 1926

Art. 6. — Le dernier alinéa de l'article 84 de la loi de finances du 13 juillet 1925, remplacé par l'article 2 de la loi du 12 août 1926, est à nouveau modifié comme suit :

« Lorsque les marchandises présentées à l'importation de l'Etranger ou des Colonies ne sont pas introduites en France par les soins d'un agent ou employé de personnes non établies en France ou par ceux d'un intermédiaire ou mandataire, ou si elles le sont par un voyageur ou un représentant de commerce, l'impôt sera dû par l'acheteur dans les conditions prévues par la loi du 25 juin 1920 et portera sur le montant des achats effectivement et définitivement réalisés, sauf quand il s'agit de produits visés par le paragraphe 3 précédent.

« Cette disposition ne vise pas l'acheteur recevant de l'Etranger ou des Colonies des marchandises destinées à être vendues par lui soit en l'état, soit après transformation ».

Art. 7. — Pour l'application des taxes instituées par les articles 142 et 143 de la loi du 13 juillet 1925 et 60 de la loi du 4 avril 1926, sont prorogés jusqu'au 31 décembre 1927 les taux d'imposition fixés par les 3e et 6e paragraphes de l'article 57 et par l'article 60 de la loi du 4 avril 1926.

Le taux de la taxe instituée à l'importation par l'article 72 de la loi du 25 juin 1920 est maintenu à 2 p. 100.

Les dispositions de l'article 142 de la loi du 13 juillet 1925, relatives au report à la production ou à l'importation, en ce qui concerne les charbons de terre, lignites, cokes et agglomérés, de la perception de l'impôt institué par les articles 59 et 72 de la loi du 25 juin 1920, sont applicables, à partir du premier jour du mois qui suivra la promulgation de la présente loi, aux affaires portant sur le brai minéral, ainsi qu'à l'importation de ce produit.

Art. 9. — Pour la liquidation de l'impôt sur le chiffre d'affaires, le chiffre d'affaires des commissionnaires de transports ou transitaires, même traitant à forfait, est constitué par la partie des sommes encaissées par eux correspondant à leur rémunération brute, c'est-à-dire à l'exclusion des seuls débours afférents au transport lui-même et au dédouanement, pourvu qu'il soit justifié desdits débours.

Observations préliminaires du tarif des douanes

N° 165 ter. — Marchandises admissibles en entrepôt réel

Sous réserve des exclusions spécifiées au n° 170, l'entrepôt réel est ouvert aux marchandises ci-après :

1° A l'importation, marchandises de toute origine passibles, soit de droits de douane, soit de surtaxes d'entrepôt ou d'origine, soit de taxes intérieures, ou à la fois de droits de douane et de surtaxes d'entrepôt ou d'origine avec ou sans taxes intérieures (1).

---

(1) On peut faire rentrer également dans cet alinéa, s'il y a lieu, les résidus (gas oil, fuel oil et road oil), les brais, cokes, les huiles raffinées et essences, paraffine et vaseline provenant de la mise en œuvre d'huiles minérales brutes dans les usines françaises soumises à l'exercice et non libérés des droits.

Les taxes instituées par l'article 72 de la loi du 25 juin 1920 ne doivent pas être considérées comme taxes intérieures, au regard de la loi du 29 décembre 1917.

II. — JURISPRUDENCE

TRIBUNAL DE PAIX DE PARIS (1er Arrt)

13 Octobre 1922

Présidence de M. RÉTAULT

IMPÔT SUR LE CHIFFRE D'AFFAIRES — IMPÔT SUR LES IMPORTATIONS — DÉCIME ADDITIONNEL — LOI DU 25 JUIN 1920, ART. 63 ET 72 — APPLICATION.

Le décime ajouté par l'art. 63 de la loi du 25 juin 1920 à la taxe de 1 % sur le chiffre d'affaires est applicable également à l'impôt de 1 % sur les importations d'objets ou de marchandises institué par l'art. 72 de la dite loi.

Société Marchal Frères contre Administration des Douanes :

Le Tribunal,

Attendu que la Société Marchal Frères réclame par exploit de Me Jacob, Huissier à Paris, en date du 11 juillet 1922, à M. le Directeur Général des Douanes, ès qualité, le remboursement de la somme de 324 fr. 50 ; que la dite Société expose qu'elle a payée depuis le 20 juillet 1920, jusqu'au 13 juin 1922, à titre de taxe générale d'importation :

1° au bureau des Douanes de Jeumont (route), la somme de 3.503 fr. 24 ;

2° à celui de Jeumont (gare) la somme de 62 fr. 56 ;

3° à celui de Feignies, la somme de 4 fr. 20 ;
soit au total 3.570 francs ;

— que ce droit a été liquidé à raison de 1,10 % de la valeur des marchandises importées, alors qu'il n'aurait dû l'être qu'à raison de 1 % de cette valeur, d'où un trop perçu de 324 fr. 50 ;

Attendu que l'Administration des Douanes, sans contester le montant de la somme réclamée, soutient qu'aux termes de la loi du 25 juin 1920, elle est fondée à percevoir sur les importations la taxe de 1 % majorée du décime prévu par l'art. 63 de cette loi ;

Attendu que la loi du 25 juin 1920, portant création de nouvelles ressources fiscales institue à l'art. 59 un impôt sur le chiffre des affaires faites en France dont la quotité est fixée par l'art. 63 « à 1 % en principal avec 1 décime au profit des départements et communes, du chiffre d'affaires » et soumet les importations d'objets ou de marchandises à l'impôt de 1 % ;

Attendu que l'examen des travaux préparatoires et de la rédaction de la loi du 25 juin 1920 il appert que la taxe sur le chiffre d'affaires et l'impôt sur les importations ne sont point deux impôts distincts *mais constituent par la similitude de leurs caractère et quotité un impôt unique ;*

Attendu que d'après les travaux préparatoires, l'impôt sur les importations ayant « pour objet de placer les marchandises achetées à l'étranger sur le même pied que celles achetées en France » est un impôt de consommation analogue à la taxe sur le chiffre d'affaires que l'on ne saurait considérer comme un impôt de Douane (séances à la Chambre des 25 avril et 16 juin 1926) ;

Attendu qu'en instituant un impôt sur les importations, la loi du 25 juin 1920 s'est proposée le but, en conformité des travaux préparatoires d'établir un impôt similaire à la taxe sur le chiffre d'affaires et non pas un droit douanier ; que cette loi, en effet, ayant écarté le texte de l'art. 72 du titre III, réservé aux nouvelles taxes de douanes et de régie, a joint ce texte aux articles relatifs à la taxe sur le chiffre d'affaires contenus dans le titre II portant la rubrique « Enregistrement, domaine et timbre » ; que, d'autre part, l'art. 72, faisant suite aux art. 59 et 71 qui régissent la taxe sur le chiffre d'affaires et soumettant les importations « à l'impôt de 1 % » se réfère nécessairement aux textes précédents, puisqu'il emploie l'article défini « le » devant le mot « impôt » ; que le fait que l'art. 72 ne mentionne pas le décime prévu par l'art. 63 s'explique par ce motif que le législateur, lorsqu'il se réfère à un impôt déjà créé, ne vise parfois que le principal de cet impôt, sans se préoccuper des décimes, ainsi qu'il appert indubitablement de l'art. 65 de la loi du 25 juin 1920 elle-même, aux termes duquel « l'impôt de 1, de 3 ou de 10 % est acquitté par les personnes désignées à l'art. 59 » que, d'ailleurs la similitude entre les impôts susvisés est corroborée par l'alinéa 2 de l'art. 72 lequel décide que, dans le cas où une personne résidant hors de France a acheté en France des marchandises qu'elle donne l'ordre de livrer en France à un tiers, la livraison opérée en vertu de cet ordre sera assimilée à une importation ; que ladite similitude apparaît encore si l'on observe que la loi du 25 juin 1920 a abrogé la taxe unique de 0 fr. 20 % dite « taxe sur les paiements », établie par les art. 19 à 22 de la loi du 31 décembre 1917, et l'a remplacée dans les cas où elle était antérieurement perçue, c'est-à-dire en cas de vente à l'intérieur ou d'importation, par l'impôt unique de 1 % ; qu'enfin l'art. 8 de la loi du 31 juillet 1920 établit une étroite corrélation entre lesdits impôts, puisqu'il majore l'impôt sur les importations d'un pourcentage égal à la taxe sur le chiffre d'affaires, lorsque le vendeur n'a pas le siège de son commerce ni une succursale en France et, par suite, ne paye pas la taxe sur le chiffre d'affaires, exception faite pour le cas où le vendeur est établi au pays d'origine ;

Attendu que la Société demanderesse oppose en vain qu'aux termes des « observations préliminaires du tarif », approuvées par le décret du 25 octobre 1921, la taxe sur le chiffre d'affaires et l'impôt sur les importations constituent des impôts distincts ; que si, en effet, les textes sus-énoncés disposent que la base de perception et les conditions d'application de ces impôts sont distinctes, il échet de remarquer que ces textes reconnaissent expressement que les dits impôts sont inspirés par la même idée fiscale, d'où il résulte que l'identité de caractère de ces impôts, non seulement n'est pas contestée mais est, au contraire, reconnue par les textes qui sont opposés ; que, d'ailleurs « les observations préliminaires du tarif », même approuvées par un décret, ne peuvent modifier la portée de la loi du 25 juin 1920 ;

Attendu, d'autre part, que la Société susdite prétend que l'impôt sur le chiffre d'affaires est un impôt direct, tandis que l'impôt sur les importations est un impôt indirect, et qu'en conséquence le décime départemental et communal, ajouté par le législateur à l'impôt direct, et, dans le silence des textes, inapplicable à l'impôt indirect ;

Mais attendu que la taxe sur le chiffre d'affaires ne saurait être regardé comme un impôt direct ; qu'en effet, le caractère distinctif de l'impôt direct consiste en ce qu'il est perçu en vertu d'un rôle nominatif des contribuables ; que la taxe sur le chiffre d'affaires étant perçue sans rôle nominatif, et à l'occasion d'un fait, est un impôt indirect, lequel est supporté, en définitive, non par celui qui en est directement le débiteur, mais par le consommateur de la marchandise taxée ; que si, au surplus le législateur avait considéré la taxe sur le chiffre d'affaires comme un impôt direct, les textes relatifs à cette taxe se trouveraient inscrits dans le titre I, intitulé « Contributions directes », et non pas dans le titre II susvisé ; qu'il suit de là que le décime susdit ajouté par l'art. 63 à la taxe de 1 % sur le chiffre d'affaires est applicable, en l'absence d'un texte spécial, à l'impôt 1 % sur les importations, par le motif que ces deux impôts constituent des impôts indirects et que la loi du 25 juin 1920 établit entre eux une similitude constante de caractère de quotité ;

Attendu que la Société requérante soutient encore que le décime additionnel est inapplicable à l'impôt sur les importations, parce que l'art. 8 de la loi de finances du 30 avril 1921 répartit le produit de la perception du décime additionnel à la taxe sur le chiffre d'affaires, mais ne contient aucune disposition en ce qui concerne la répartition du décime additionnel à l'impôt sur les importations ;

Attendu que cet argument n'a d'autre valeur que de constater une lacune de la loi du 30 avril 1921 ; qu'en effet, le silence de cette loi à l'égard du décime additionnel à l'impôt sur les importations ne saurait modifier la loi du 25 juin 1920, dont les dispositions sont formelles ;

Attendu, enfin, que la dite Société fait valoir que le Ministre des Finances ayant décidé, par application du décret du 6 juin 1807, que les tabacs importés pour le compte des manufactures de l'Etat seraient soumis à l'impôt prévu par l'art. 72 il s'ensuit que la perception du décime départemental et communal sur les importations dont il s'agit aurait la conséquence paradoxale d'allouer, au détriment de l'Etat, une subvention aux budgets départementaux et communaux ;

Mais attendu que les répercussions résultant pour l'application de la loi du 25 juin 1920, du décret du 6 juin 1807 et d'un arrêté ministériel relatif aux tabacs, outre qu'elles n'ont qu'un rapport éloigné avec la question, demeurent sans effet à l'égard de la loi du 25 juin 1920 ;

Attendu que, des considérations qui précèdent, il appert que l'Administration des Douanes est fondée à percevoir sur les importations la taxe de 1 % majorée du décime prévu par l'art. 63 de la loi du 25 juin 1920 ;

Par ces motifs,

Déclare mal fondée la demande en remboursement de la somme de 324 fr. 50, présentée par la Société Marchal Frères ;

En conséquence, déboute la dite Société de sa demande et la condamne aux dépens.

MM. Thibaut et Rodanet, Avocats.

Note. — Voir sur cette question très délicate, en sens contraire, Trib. paix Rouen, premier canton, 21 juin 1921 ;

Trib. civil de Rouen, 7 février 1922 (Gaz. Pal. 1. Table, V° Impôts sur les paiements et sur le chiffre d'affaires, n° 7 — la loi, 25 février 1922).

Tribunal civil du Havre

16 Juin 1923

—

Gazette du Palais. Tables 1920-1925. 2. V° Impôt sur les paiements

65. — Aux termes de l'art. 72 de la loi du 25 juin 1920, le droit à percevoir sur les marchandises importées est de 1,10 % et non de 1 franc %, cet article se référant incontestablement à l'impôt sur le chiffre d'affaires et se bornant à indiquer une modalité particulière de la perception de cet impôt.

Gaz. Trib., 28 novembre 1923.

COUR DE CASSATION (Ch. Civile)

3o Janvier 1924

Présidence de M. SARRUT, 1er Président

IMPÔT SUR LE CHIFFRE D'AFFAIRES. — TAXE A L'IMPORTATION. — 1° DROIT DE 1 %. — LOI DU 25 JUIN 1920, ART 72. — ADJONCTION D'UN DÉCIME. — 2° PAIEMENT DE L'INDU. — RÉCLAMATION DU REDEVABLE. — FORMES ET DÉLAIS. — PROCÉDURE EN MATIÈRE DE DOUANE. — LOI DES 6-22 AOUT 1791. — EXPERTISE.

1° La loi du 25 juin 1920 a institué, par l'art. 59 un impôt sur le chiffre des affaires faites en France, et par l'art. 72 un impôt sur les importations d'objets ou de marchandises ; le taux de cet impôt est fixé par l'art. 63 à 1 %, avec un décime et, par l'art. 72, à 1 % *mais s'agissant du même impôt,* l'impôt sur les importations comporte l'adjonction du dixième comme l'impôt sur les affaires en France.

2° Il résulte de l'art. 72 de la loi du 25 juin 1920 que les importations d'objets ou de marchandises sont soumises à un impôt perçu par l'Administration des Douanes, « suivant les lois qui lui sont propres ».

En conséquence, lorsque la taxe a été liquidée d'après les propres déclarations du redevable, le juge ne peut pas, hors des conditions et délais fixés par l'art. 12 titre II de la loi des 6-22 août 1791, autoriser celle-ci à établir au moyen de l'expertise de droit commun qu'il a payé des droits en trop.

Administration des Douanes contre Société Anonyme de Transit Jules Roy et Cie :

Le Tribunal Civil de Rouen avait rendu, le 7 février 1922, le jugement suivant :

Le Tribunal,

Attendu que sur une demande en restitution de 4.226 fr. 25 formée par la Société Jules Roy contre l'Administration des Douanes, est intervenu le 21 juin 1921 un jugement contradictoirement rendu par le Tribunal de Paix du 1er Canton de Rouen, lequel a déclaré la demande de la Société irrecevable et décidé que l'impôt de 1 % dont parle l'art. 72 de la loi du 25 juin 1920 est bien le même impôt que celui édicté par l'art. 63 de la dite loi ; qu'en conséquence, les marchandises importées étaient soumises tout comme le chiffre d'affaires faites en France à la base de 1 % avec un décime au profit des départements et des communes ; que ce même jugement a déclaré ladite Société Roy mal fondée en ses conclusions subsidiaires tendant à une expertise de droit commun l'en a débouté et renvoyé les parties à se pourvoir devant les commissaires experts près le Ministre du Commerce, compétents pour rechercher et fixer la valeur réelle des marchandises importées dont il s'agit.

Attendu que la Société Jules Roy a régulièrement interjeté appel de cette décision.

Attendu que sa demande en restitution d'un trop perçu serait en fait basée sur la confusion faite par elle entre la couronne suédoise et la couronne norvégienne dont la valeur devait être convertie en francs ; lors de la déclaration faite le 14 août 1914 aux Douanes, d'un lot de pâte de cellulose portant le n° 9212 et dans laquelle était attribuée à cette marchandise une valeur de 518.991 francs, alors que la valeur réelle ne s'élevait suivant facture qu'à la somme de 380.145 fr. 85 avec perception de 1 fr. 10 % sur ce premier chef, alors qu'il n'aurait dû être perçu que 1 franc et non 1 fr. 10 sur le second, d'un trop perçu de 1.907 fr. 80 ; qu'en outre, suivant déclaration du 5 juillet même année, n° 7594, ladite Société présentait pour l'acquittement des droits 23 caisses de moteurs à pistons auxquelles elle a attribué provisoirement à défaut de facture, une valeur de 300.000 francs alors que la facture ultérieurement produite s'élève à 98.678 francs que l'Administration en percevant sur 300.000 francs au lieu de 98.678 francs seulement une taxe de 1,10 % serait redevable de la somme en trop perçue de 2.318 fr. 46, soit au total à restituer 4.226 fr. 22.

Attendu que la Société appelante conclut ainsi que devant le premier juge à être autorisée à faire par toutes voies de droit et notamment à l'aide d'une expertise effectuée d'après les règles du droit commun, la preuve en réalité de l'inexactitude de sa déclaration ;

Attendu, en droit que la loi précitée du 25 juin 1920 portant création de nouvelles ressources fiscales a institué en son art. 59 un impôt sur le chiffre des affaires faites en France, que l'art. 63 dispose que le taux de l'impôt est fixé au 1 fr. % (pour cent), avec un décime au profit des départements et des communes, du chiffre d'affaires tel qu'il est défini en l'article qui précède que ce dernier article vise le commerce fait en France et les catégories de personnes qui l'exercent ;

Attendu que ladite loi, en son art. 72 traite des importations et fixe l'impôt y afférent à 1 fr. % ; que la lettre même de ces dispositions de la loi s'oppose à toute confusion ; qu'on ne saurait dans le silence des textes ajouter le décime de l'un à l'autre et étendre ainsi l'application des lois d'impôts au delà de leurs termes précis (Cas. civ., 25 février 1918, Journ. *La Loi*, 24 décembre 1918) ; que, d'ailleurs, ces deux impôts se différencient par la cause, leur application, leur mode de perception et la juridiction devant laquelle les contestations soulevées doivent être portées ;

Attendu, en effet, que l'impôt de 1 fr. 10 % visant les personnes exerçant un commerce en France, est un impôt direct dans son énoncé, recouvrable par voie de contrainte, comportant opposition devant le Conseil de Préfecture, sauf appel devant le Conseil d'Etat, qu'il en est autrement en ce qui concerne l'impôt d'importation qui constitue un impôt direct s'appliquant à des marchandises et non plus à des personnes et dont les Tribunaux de paix en première instance doivent connaître s'il y a contestation (art. 72);

Attendu que ces différences ressortent également des observations préliminaires du tarif des Douanes d'après lesquelles il a été fait exception des nouvelles ressources fiscales créées par la loi de juin 1920 pour les affaires conclues avant le 1er juillet et dont le paiement sera effectué après cette date ; que cette immunité n'a pas été étendue aux marchandises achetées avant, mais importées après cette date, le droit atteignant le fait de l'importation et non celui de la vente, droit perçu uniquement sur le prix cumulé de la valeur d'achat à l'extérieur augmenté des frais de transports, droits d'entrée, taxe intérieure, le tout rétablissant ainsi l'équilibre compensatoire avec les actes du commerçant en France ; qu'ainsi disparaît la préoccupation émise par le premier juge dans les motifs de sa décision ; qu'enfin le règlement d'administration publique rendu pour l'application de la loi de juin 1920 sous le n° 651 *bis* (*Journal Officiel*, annexe 12 décembre 1921) s'exprime de la façon la plus catégorique à cet égard ; qu'il y est dit en effet que la dénomination « impôt sur le chiffre d'affaires » est commune à deux taxes qui, bien qu'inspirées par la même idée fiscale, sont absolument distinctes, à savoir la taxe d'affaires proprement dite perçue à l'intérieur et la taxe perçue à l'importation, taxes différentes l'une de l'autre, tant par leur assiette que par leur condition d'application et de leur mode de recouvrement ;

Attendu qu'il ne saurait échapper que le législateur n'a prévu et réglementé dans la loi des finances du 30 avril 1921 (art. 8) que le mode de partage additionnel à l'impôt sur le chiffre d'affaires institué par l'art. 63 de la loi de juin 1920, et non à l'impôt créé par l'article 72 de la dite loi ; que vainement, l'Administration fait-elle soutenir que la demande en restitution d'indû au cas de perception conforme à une déclaration tend à la rectification de cette déclaration ce qui est expressément interdit par l'art. 12, titre II, des lois 6-22 août 1791 ; qu'il n'est pas question dans l'espèce pour la Société appelante de rectifier la déclaration des 6 juillet et 14 août 1920 ; mais d'établir le fait matériel que l'Administration a bien eu connaissance du contenu réel des colis, et c'est par erreur qu'il a été perçu un droit non dû (Trib. civ. Seine, 5 mars 1912, Jour. *La Loi*, 29 octobre 1912) ;

Attendu qu'il faut conclure de ce qui précède que le droit d'importation perçu sur les marchandises imposables, suivant déclaration n° 7524 du 5 juillet 1920 et 9212 du 14 août même année aurait dû être calculé à raison de 1 fr. % et non de 1 franc avec décime pour cent et que la différence entre ces deux taxes est un préjudice restituable.

Attendu que le Jugement entrepris a renvoyé les parties à se pourvoir devant les commissaires-experts près la Chambre de Commerce compétente pour rechercher et fixer la valeur réelle des marchandises importées dont s'agit ; que les parties sont d'accord ainsi qu'il résulte de l'appel incident soulevé par l'Administration sur ce point, pour reconnaître que l'expertise légale instituée par l'article 2 du décret du 5 août

1810, en cas de fausseté de déclaration sur les espèces, qualité et valeur et qui suppose l'existence des marchandises, puisqu'il vise leur saisie et confiscation, ne saurait jouer dans l'espèce, que sur ce chef également, il a lieu de réformation du jugement dont est appel ;

Attendu que la Société Roy en l'absence de ce moyen de preuves légales conclut subsidiairement à une expertise de droit, à l'effet de rechercher le prix d'achat des marchandises qui ont fait l'objet des déclarations sus-énoncées ; que l'Administration résiste à cette mesure par ce motif que la déclaration de la Société Roy ayant été reconnue conforme par elle, cette déclaration ne peut être remise en question, alors surtout que les marchandises ne peuvent plus être identifiées ;

Attendu, en droit, qu'il s'agit d'une demande de restitution d'un trop perçu (art. 1376 C. Civ.) ; qu'il est jugé par la Cour de Cassation qu'en matière fiscale le paiement de l'indû peut être prouvé par toutes voies de droit et notamment par expertise lorsque comme dans l'espèce les marchandises ont été enlevées (Cass. Req., 5 juillet 1898, D. 99. 1. 1901, 22 janvier 1902, Trib. des Colonies, 1908, 1312) ; que conformément à cette jurisprudence, il y a lieu d'ordonner l'expertise sollicitée et ce d'après les règles du droit commun ;

Par ces motifs, en la forme reçoit la Société Roy appelante du Jugement rendu par M. le Juge de Paix du premier Canton de Rouen, le 21 juin 1921 ;

Au fond, dit cet appel fondé ;

Et réformant sur le tout le jugement entrepris,

Dit que l'application de la loi du 25 juin 1920 ne saurait être étendue en son art. 72 au delà de ses termes précis en ce sens que l'impôt de 1 fr. 10 % visé dans l'art. 63 de la dite loi est inapplicable à l'impôt indirect sur les importations, impôt dont la perception n'a été prévue que pour l'impôt direct sur le chiffre d'affaires (art. 59) ;

Dit qu'en matière de Douane, la preuve du trop perçu peut être administrée par toute voie de droit, et spécialement, même au cas d'enlèvement des marchandises, à l'aide d'une expertise effectuée d'après les règles du droit commun ;

En conséquence, commet d'office MM. X..., Y..., Z..., en qualité d'experts, à l'effet de rechercher en s'entourant de tous renseignements, la valeur et en tout cas le prix d'achat de marchandises qui ont fait l'objet des déclarations des 5 juillet et 14 août 1920 sus-énoncées, etc...

L'Administration des Douanes s'est pourvue en cassation de ce jugement.

Elle a invoqué à l'appui de son pourvoi les deux moyens suivants :

1° Violation des art. 59, 63 et 72 de la loi du 25 juin 1920 et de l'art. 7 de la loi du 20 avril 1810, en ce que le jugement attaqué a admis que l'impôt sur le chiffre des affaires faites en France était distinct de la taxe frappant les opérations d'importation, *alors qu'il n'y a qu'un impôt qui est perçu tantôt par le Service des Contributions directes à l'intérieur, tantôt par l'Administration des Douanes, quand les marchandises proviennent de l'Étranger* et que cet impôt dont le principal est de 1 %, comprend dans tous les cas l'adjonction d'un décime. »

2° « Violation de l'art. 12 et de l'art. 17, titre II, de la loi des 6-22 août 1791 ; violation et fausse application de l'art. 25, titre XIII, de la même loi et de l'article 7 de la loi du 20 avril 1910 en ce que le jugement attaqué a autorisé un redevable à établir au moyen de l'expertise de droit commun qu'il avait payé des droits de douane en trop, alors que la perception a été faite très exactement d'après sa propre déclaration, et qu'il ne peut pas être restituable contre les erreurs qu'il a pu commettre lui-même dans cette déclaration ».

Arrêt (ap. délib. en Ch. du Conseil).

La Cour,

Sur le second moyen :

Vu les articles 72 de la loi du 25 juin 1920 et 12, titre II, de la loi des 6-22 août 1791 ;

Attendu qu'il résulte de l'art. 72 de la loi du 25 juin 1920 que les importations d'objets ou de marchandises sont soumises à un impôt perçu par l'Administratiion des Douanes, suivant les lois qui lui sont propres ;

Attendu, d'autre part, qu'aux termes de l'art. 12, titre II de la loi des 6-22 août 1791, ceux qui auront fait leur déclaration « n'y pourront plus augmenter, ni diminuer », si dans le jour des dites déclarations, ils ne les ont pas rectifiées en représentant les marchandises « et qu'après ils n'y seront pas reçus » ;

Attendu que le jugement attaqué a autorisé la Société Anonyme de Transit Jules Roy à établir au moyen de l'expertise de droit commun, qu'elle avait payé des droits en trop, bien que la taxe eut été liquidée d'après ses propres déclarations, et en dehors des conditions spécifiées à l'art. 12 précité ; en quoi, il a violé les textes ci-dessus visés ;

Sur le premier moyen :

Vu les articles 63 et 72 de la loi du 25 juin 1920 ;

Attendu que la loi du 25 juin 1920 a institué, par l'art. 59, un impôt sur le chiffre des affaires faites en France, et, par l'article 72, un impôt sur les importations d'objets ou de marchandises que le taux de l'impôt est fixé par l'art. 63 à 1 % avec un décime et par l'art. 72 à 1 % mais qu'il résulte de l'ensemble des dispositions des art. 59 à 72 *qu'il s'agit du même impôt ;* que, d'ailleurs les deux articles 63 et 72 n'ont d'autre objet que d'établir l'égalité au point de vue fiscal entre les commerçants et les particuliers faisant venir les marchandises de l'extérieur, et ceux qui effectuent leurs achats à l'intérieur du Territoire Métropolitain ; que la référence dans l'art. 72 de la taxe de 1 % de l'art. 63 implique l'application de la totalité de cette taxe, c'est-à-dire avec l'adjonction du décime, aux objets et marchandises importés ;

Attendu, que le jugement attaqué en décidant que le décime est inapplicable à la taxe sur les importations a violé les articles sus-visés ;

Par ces motifs,

Casse.....

MM. Lenard, Rapporteur ; Langlois, Avocat Général ; Mes Dambeze et Mornard, Avocats.

Note I. — Sur le premier point : la question est des plus délicates. Voir dans le sens de l'arrêt ci-dessus, c'est-à-dire de l'adjonction des décimes à la taxe de 1 % sur les importations : Trib. Paris, premier arrêt, 13 octobre 1922 (Gaz. Pal. 1922-484) ; Trib. civil le Havre, 16 juin 1923 (Gaz. des Trib., 28 novembre 1923) ; et dans le sens de la non adjonction des décimes : Trib. Civil de Rouen, le 17 février 1922, rendu dans la présente affaire, et rapporté ci-dessus ; Trib. Civil de Caen du 14 mai 1923. Gaz. Pal. 1923. 2. 484).

On fait valoir, de part et d'autre, des arguments divers, tirés notamment des articles de la loi du 25 juin 1920 (art. 59 à 72), de l'art. 8 de la loi du 30 avril 1921, des travaux préparatoires. Voir en particulier les notes de MM. les Professeurs E. Perrot au Journal *La Loi* du 6 décembre 1922 et de M. Paul Levesque à la *Gazette des Tribunaux* du 30 juillet 1922.

II. — Sur le second point : En matière de douane, la révision de la perception est possible, et une demande en restitution peut être formée dans les deux années qui suivent la perception (Loi 6-22 août 1791, article 25, titre XIII) quand, par suite d'une erreur dans l'application des tarifs ou dans la liquidation des droits, il a été perçu un droit plus élevé que celui qui était dû. Mais le redevable ne peut prétendre à une restitution quand la perception est conforme à sa déclaration, en dehors des conditions admises par l'art. 12, Titre II, de la loi des 6-22 août 1791. La raison en est qu'en pareil cas, l'expertise légale, la seule qui soit admise, n'est plus possible. Voir sur cette distinction : Cass. req., 25 juin 1914 (S. 1914, somm. 1. 98).

Conseil de préfecture de l'Hérault

11 Mars 1925

(*Extrait de la Gazette du Palais*, 1er Semestre 1926, 46e année, Recueil mensuel, Table du 1er Semestre 1926, n° 6 *bis*).

---

§ 11. — *Taxe sur les importations perçue par l'Administration des Douanes*

10. — La loi du 25 juin 1920 a, par l'art. 59, institué un impôt sur le chiffre des affaires faites en France et par l'art. 72 un impôt sur les importations d'objets ou marchandises. (Mon. Jud. Midi, 15 octobre 1925).

11. — De l'ensemble des dispositions de ces articles, il résulte *qu'il s'agit d'une taxe unique établie sur le chiffre de toutes les affaires*, quelles qu'elles soient, conclues et exécutées en France ou conclues à l'Etranger et exécutées en France. (Mon. Jud. Midi, 15 octobre 1925).

12. — Dès lors que le représentant en France de l'établissement importateur n'a fait aucune opération commerciale et s'est borné à assurer les fonctions de transitaire, *on ne saurait réclamer à la sortie des marchandises (en l'espèce des vins) de l'entrepôt une nouvelle taxe qui ferait double emploi avec celle déjà payée au moment de l'entrée des vins en France.* (Mon. Jud. Midi, 15 octobre 1925).

ALGER — TYPOGRAPHIE JULES CARBONEL — ALGER

www.ingramcontent.com/pod-product-compliance
Ingram Content Group UK Ltd.
Pitfield, Milton Keynes, MK11 3LW, UK
UKHW020511180726
13839UKWH00005B/2015